Impressum
Verlag: BABADADA GmbH, Nedderfeld 112 , 22529 Hamburg
Geschäftsführer / Verlagsleitung: Harald Hof
Druck: Books on Demand GmbH, In de Tarpen 42, 22848 Norderstedt

Imprint
Publisher: BABADADA GmbH, Nedderfeld 112 , 22529 Hamburg, Germany
Managing Director / Publishing direction: Harald Hof
Print: Books on Demand GmbH, In de Tarpen 42, 22848 Norderstedt, Germany

Schule

ቤት-ትምህርቲ

Klassenzimmer
ክፍሊ ክላስ
dividieren
መቀለ
186/2
Tafel
ሰሌዳ
Schulhof
ቀጽሪ ቤት-ትምህርቲ
Lehrer
መምህር
Papier
ወረቐት
schreiben
Stift
መጽሓፊ
Schreibtisch
ጣውላ ምጽሓፍ
Lineal
መስመር
Buch
መጽሓፍ
Schüler
ተመሃራይ

Ranzen

ሳንጣ ትምህርቲ

Federmappe

ሰፈር ብርዒ

Bleistift

ርሳስ

Bleistiftanspitzer

መብልሒ ርሳስ

Radiergummi

መደምሰሲ

Zeichenblock

ጥራዝ ስእሊ

2 Schule - ቤት-ትምህርቲ

Zeichnung

ስእሊ

Pinsel

ብርዒ ቀለም

Malkasten

ቦክስ ቀለም

Schere

መቐስ

Klebstoff

መጣበቒ

Übungsheft

ጥራዝ መላመዲ

Hausaufgabe

ዕዮ ገዛ

12

Zahl

ቁጽሪ

2+2

addieren

ወሰኸ

subtrahieren

ጎደለ

2×2

multiplizieren

ረብሐ

rechnen

ደመረ

A

Buchstabe

ፊደል

ABCDEFG
HIJKLMN
OPQRSTU
VWXYZ

Alphabet

ስርዓት ፊደላት

hello

Wort

ቃል

Text

ጽሑፍ

lesen

ኣንበበ

Kreide

ኩርሽ

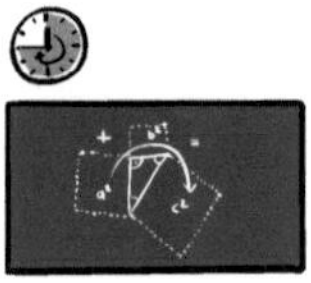

Stunde

ሰዓት

Klassenbuch

መዝገብ ክላስ

Prüfung

መርመራ

Zeugnis

ሰርቲፊኬት

Schuluniform

ድቢዛ ቤትትምህርቲ

Ausbildung

ትምህርቲ

Lexikon

ለክሲኮን

Universität

ዩኒቨርሲቲ

Mikroskop

ሚክሮስኮፕ

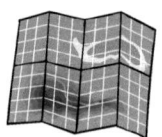

Karte

ካርታ

Papierkorb

ጎሓፍ ወረቐት

Hotel
መቐበሊ ኣጋይሽ
Herberge
ሆስተል
Wechselstube
ቦታ ቅያር ገንዘብ
Koffer
Auto
መኪና

Sprache
ቋንቋ

ja / nein
እወ / ኖ

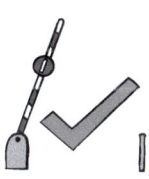

Okay
ሕራይ

Hallo
ሰላም

Übersetzer
ኣስተርጓሚ

Danke
የቐንየለይ

Was kostet…?

. . . ክንደይ ዋግኡ?

Ich verstehe nicht

ኣይተረድኣኹን

Problem

ሽግር

Guten Abend!

ሰላም ምሸት!

Guten Morgen!

ከመይ ሓዲርካ

Gute Nacht!

ሰላም ለይቲ

Auf Wiedersehen

ደሓን ኩን

Richtung

ኣንፈት

Gepäck

ጕዓዝ

Tasche

ሳንጣ

Rucksack

ሳንጣ ሕቖ

Gast

ጋሻ

Zimmer

ክፍሊ

Schlafsack

ክሻ መደቀሲ

Zelt

ቴንዳ

Touristeninformation

....

ሓበሬታ በጻሕቲ ሃገር

Strand

....

ገምገም ባሕሪ

Kreditkarte

....

ክረዲት ካርድ

Frühstück

....

ቁርሲ

Mittagessen

....

ምሳሕ

Abendessen

....

ድራር

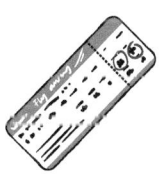

Fahrkarte

....

ቲከት

Fahrstuhl

....

ሊፍት

Briefmarke

....

ማሕተም ደብዳበ

Grenze

....

ዶብ

Zoll

....

ድጓና

Botschaft

....

ኣምበሲ

Visum

....

ቪዛ

Pass

....

ፓስፖርት

Transport

መጓዓዝያ

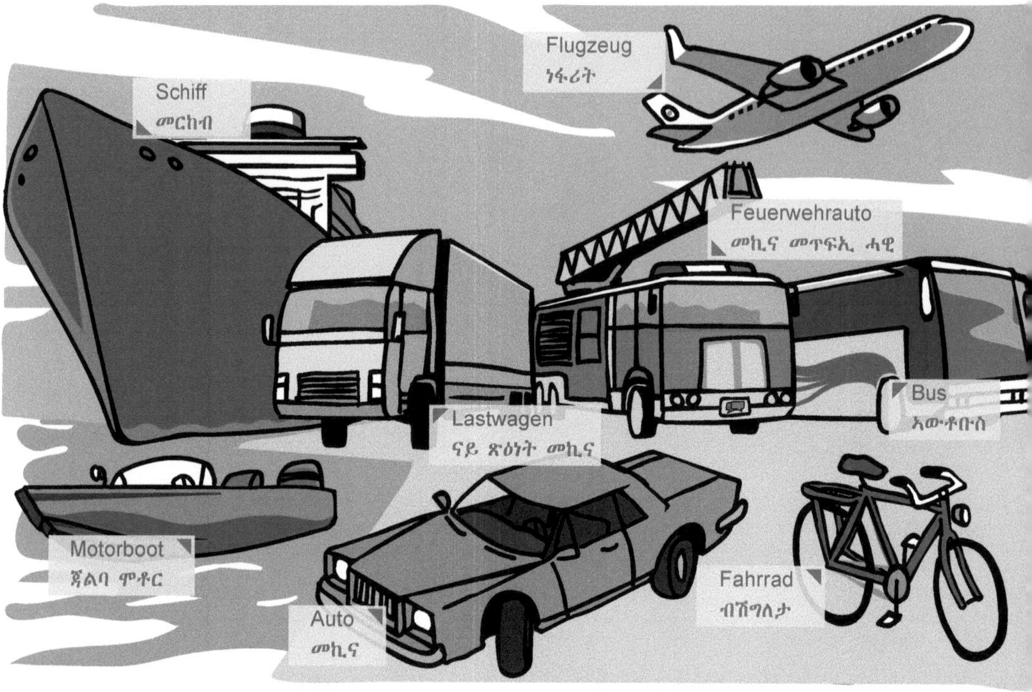

Flugzeug
ነፋሪት
Schiff
መርከብ
Feuerwehrauto
መኪና መጥፋኢ ሓዊ
Bus
ኣውቶቡስ
Lastwagen
ናይ ጽዕነት መኪና
Motorboot
ጀልባ ሞቶር
Fahrrad
ብሽግለታ
Auto
መኪና

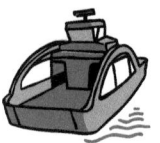

Fähre

ፈሪ

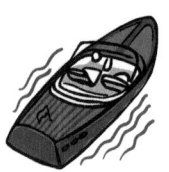

Boot

ጀልባ

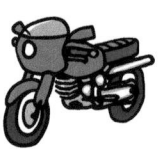

Motorrad

ሞቶ

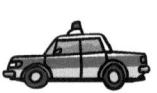

Polizeiauto

መኪና ፖሊስ

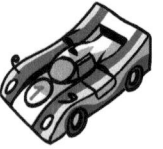

Rennauto

መኪና ቅድድም

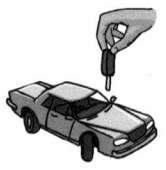

Mietwagen

ክራይ መኪና

Carsharing

ምውፋይ መካይን

Abschleppwagen

መወሰዲ መኪና

Müllauto

መኪና ጎሓፍ

Motor

ሞቶር

Kraftstoff

ነዳዲ

Tankstelle

እንዳ ነዳዲ

Verkehrsschild

ምልክት ትራፊክ

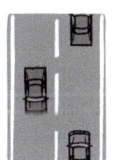

Verkehr

ትራፊክ

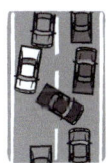

Stau

ምጭቕጫቕ ትራፊክ

Parkplatz

መዐሸጊ መኪና

Bahnhof

መዕረፊ ባቡር

Schienen

ሓዲግ

Zug

ባቡር

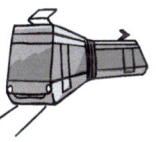

Straßenbahn

ትረም

Wagon

ባነኒ

Helikopter

ሄሊኮፕተር

Flughafen

መዓረፊ ነፈርቲ

Tower

ታወር

Passagier

ተጐዓዚ

Container

ኮንተይነር

Karton

ሳንዱቕ ካርቶን

Karren

ኮርሳ ጽዕነት

Korb

ዘንቢል

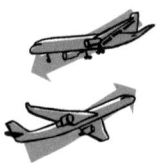

starten / landen

ተበገሰ / ዓለበ

Stadt

ከተማ

Dorf

ቍሸት

Stadtzentrum

ማእከል ከተማ

Haus

ገዛ

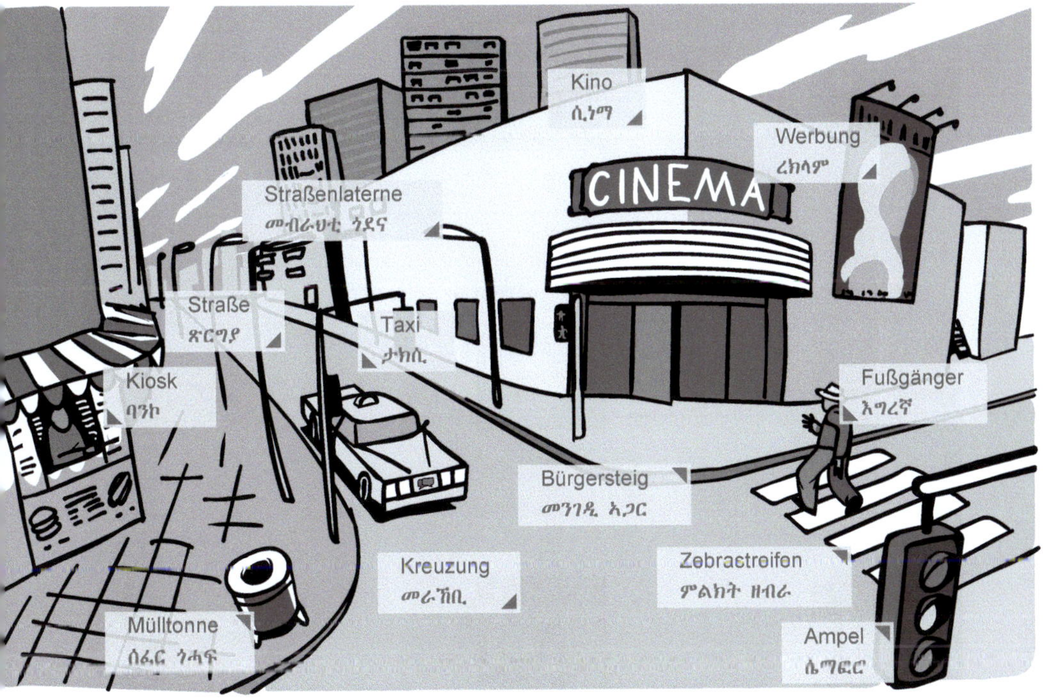
Kino
ሲነማ
Werbung
ረክላም
CINEMA
Straßenlaterne
መብራህቲ ጎደና
Straße
ጽርግያ
Taxi
ታክሲ
Kiosk
ባንኮ
Fußgänger
እግረኛ
Bürgersteig
መንገዲ ኣጋር
Kreuzung
መራኽቢ
Zebrastreifen
ምልክት ዘብራ
Mülltonne
ሰፈር ጎሓፍ
Ampel
ሴማፎር

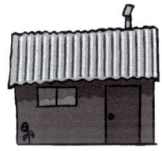

Hütte

ኣጉዶ

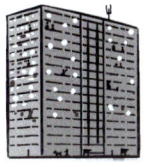

Wohnung

ኣፓርትመንት

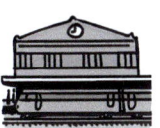

Bahnhof

መዕረፊ ባቡር

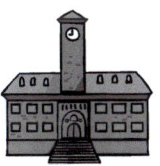

Rathaus

ቤት ምምሕዳር

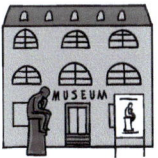

Museum

ቤተ መዘክር

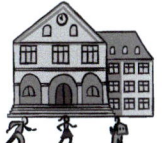

Schule

ቤት-ትምህርቲ

Universität
....
ዩኒቨርሲቲ

Bank
....
ባንክ

Krankenhaus
....
ሆስፒታል

Hotel
....
መቐበሊ ኣጋይሽ

Apotheke
....
ቤት መድሃኒት

Büro
....
ቤት ጽሕፈት

Buchhandlung
....
ዱኳን መጽሓፍቲ

Geschäft
....
ዱኳን

Blumenladen
....
ዱኳን ዕንባባ

Supermarkt
....
ሱፐርማርከት

Markt
....
ዕዳጋ

Kaufhaus
....
ሹቕ

Fischhändler
....
ነጋዳይ ዓሳ

Einkaufszentrum
....
ሹቕ

Hafen
....
መርሳ

Park

መዘናግዒ

Bank

ባንኪ

Brücke

ድልድል

Treppe

መደያይቦ

U-Bahn

ባቡር ትሕቲ ምድሪ

Tunnel

ቢንቶ

Bushaltestelle

መዕረፊ አውቶቡስ

Bar

ቤት መስተ

Restaurant

ቤት-መግቢ

Briefkasten

ሰታሪት

Straßenschild

ታቤላ

Parkuhr

ሰዓት ፓርኪንግ

Zoo

መካነ እንስሳታት

Badeanstalt

መሓምበሲ

Moschee

ምስጊድ

Bauernhof

ቤት ሕርሻ

Umweltverschmutzung

ብከላ

Friedhof

መቓብር

Kirche

ቤተክርስትያን

Spielplatz

ቦታ ምጽዋት

Tempel

ቤት መቕደስ

Landschaft

ስእሊ መሬት

Blatt
Wegweiser
መሕበሪ መገዲ
Weg
መገዲ
Wiese
Stein
እምኒ
Wanderer
ኮብላሊ
Baum
ኣግራብ
Fluss
ፈለግ
Gras
ሰዓሪ
Blume
ዕንባባ

Tal
....
ስንጭሮ

Berg
....
ጎቦ

See
....
ቀላይ

Wald
....
ዱር

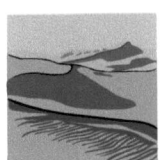

Wüste
....
ምድረ በዳ

Vulkan
....
እሳተ-ጎመራ

Schloss
....
ግምቢ

Regenbogen
....
ቀስተ-ደመና

Pilz
....
ቃንጥሻ

Palme
....
ዓርኮብኮባይ

Moskito
....
ጣንጡ

Fliege
....
ሃመማ

Ameise
....
ጻጻ

Biene
....
ንህቢ

Spinne
....
ሳሬት

Käfer

ሕንዚዝ

Frosch

ዕንቅርዖብ

Eichhörnchen

ምጽጹላይ

Igel

ቅንፍዝ

Hase

ማንቲለ

Eule

ጉንጓ

Vogel

ጭሩ

Schwan

ስዋን

Wildschwein

መፍለስ

Hirsch

ዓጋዘን

Elch

ሙስ

Staudamm

ግድብ

Windrad

ተርባይን ንፋስ

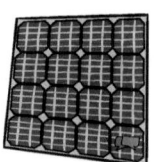

Solarmodul

ሶላር ስርሓት

Klima

ኩነታት ኣየር

Restaurant

ቤት-መግቢ

Kellner
አሰላፊ
Speisekarte
ካርታ መግብታት
Stuhl
መንበር
Suppe
መረቕ
Pizza
ፒትሳ
Besteck
Tischdecke
ክዳን ጣውላ

Vorspeise
ቅድመ ቀንዲ መግቢ

Hauptgericht
ቀንዲ መኣዲ

Nachspeise
ድሕሪ መግቢ

Getränke
መስተ

Essen
መግቢ

Flasche
ጥርሙዝ

Fastfood

ስሉጥ መግቢ

Streetfood

መግቢ ጽርግያ

Teekanne

ብርጭቆ ሻሂ

Zuckerdose

ታኒካ ሽኮር

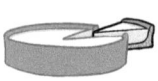

Portion

ክፋል

Espressomaschine

ማሺን ኤስፕረሶ

Hochstuhl

ነዊሕ መንበር

Rechnung

ጸብጻብ

Tablett

ታብለት

Messer

ካራ

Gabel

ፋርከታ

Löffel

ማንካ

Teelöffel

ማንካ ሻሂ

Serviette

ሰርቭየተ

Glas

ብኬሪ

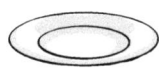

Teller
....
ሸሓኒ

Suppenteller
....
ሸሓኒ መረቕ

Untertasse
....
ትሕቲ ኩባያ

Sauce
....
ጸብሒ

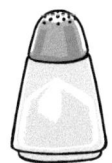

Salzstreuer
....
ወሃቢ ጨው

Pfeffermühle
....
መጥሓን በርበረ

Essig
....
ኣቻቶ

Öl
....
ዘይቲ

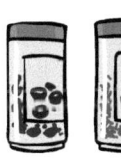

Gewürze
....
ቀመም

Ketchup
....
ከችፕ

Senf
....
ኣድሪ

Mayonnaise
....
ማዮኒዝ

Supermarkt

ሱፐርማርክት

Angebot
ወፈያ
FOR
Kunde
ዓሚል
Milchprodukte
ፍርያታት ጸባ
Obst
ፍረታት
Einkaufswagen
ሰረገላ ዱኳን

Schlachterei

እንዳ ስጋ

Bäckerei

እንዳ ባኒ

wiegen

ክብደት

Gemüse

ኣሕምልቲ

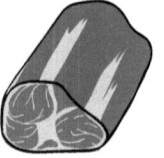

Fleisch

ስጋ

Tiefkühlkost

መግቢ ፍሪጅ በረድ

Aufschnitt

....

ዝሑል ቅሩብ መግቢ

Konserven

....

እስቃጥላ

Waschmittel

....

ኦሞ

Süßigkeiten

....

ምቁር መግቢ

Haushaltsartikel

....

ዘቤታውያን ኣቕሑ

Reinigungsmittel

....

ናውቲ መጸረዪ

Verkäuferin

....

ሸቃጣይ

Kasse

....

ካሳ

Kassierer

....

ተሓዝ ገንዘብ

Einkaufsliste

....

ዝርዝር ምግዛእ

Öffnungszeiten

....

ክፉት ሰዓታት

Brieftasche

....

ማሕፉዳ

Kreditkarte

....

ክረዲት ካርድ

Tasche

....

ሳንጣ

Plastiktüte

....

ፌስታል

Getränke

መስተ

Wasser

ማይ

Saft

ጽማቝ

Milch

ጸባ

Cola

ኮላ

Wein

ነቢት

Bier

ቢራ

Alkohol

ኣልኮል

Kakao

ካካው

Tee

ሻሂ

Kaffee

ቡን

Espresso

ኤስፕረሶ

Cappuccino

ካፑቺኖ

Banane

ባናና

Apfel

ቱፋሕ

Orange

ኣራንሺ

Melone

ብርጭቕ

Zitrone

ለሚን

Karotte

ካሮት

Knoblauch

ጻዕዳ ሽጉርቲ

Bambus

ባምቡስ

Zwiebel

ሽጉርቲ

Pilz

ቅንጥሻ

Nüsse

ፉል

Nudeln

ፓስታ

Spaghetti

ስፓገቲ

Reis

ሩዝ

Salat

ሰላጣ

Pommes frites

ቅልዋ ድንሽ

Bratkartoffeln

ቅሉው ድንሽ

Pizza

ፒትሳ

Hamburger

ሃምቡርገር

Sandwich

ፓኒኖ

Schnitzel

ቢስተካ

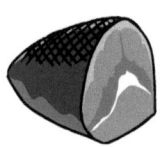

Schinken

ሰለፍ ሓሰማ

Salami

ሳላሚ

Wurst

ግዕዝም

Huhn

ደርሆ

Braten

ቀለወ

Fisch

ዓሳ

Haferflocken

....

ገዓት

Müsli

....

ሙስሊ

Cornflakes

....

ኮርንፍለይክስ

Mehl

....

ሓርጭ

Croissant

....

ክሮሶን

Brötchen

....

ባኒ

Brot

....

ባኒ

Toast

....

ቶስት

Kekse

....

ብሽኮቲ

Butter

....

ጠስሚ

Quark

....

ርግኦ

Kuchen

....

ፓስተ

Ei

....

እንቋቝሖ

Spiegelei

....

ትሉው እንቋቝሖ

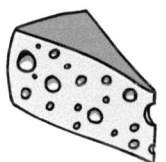

Käse

....

ፉርማጆ

Eiscreme

አይስ ክሪም

Zucker

ሽኮር

Honig

መዓር

Marmelade

ጀም

Nougat-Creme

ኑጋት-ክረም

Curry

ኩሪ

Bauernhof

ቤት ሕርሻ

Scheune
መኽዘን
Strohballen
ሓሰር ቦንዳ
Feld
ግራት
Pferd
ፈረስ
Anhänger
ተስሓቢ
Traktor
ትራክተር
Fohlen
ዒሉ
Esel
Schaf
በጊዕ
Lamm
ዕየት

Ziege

ጤል

Kuh

ብዕራይ

Kalb

ምራኽ

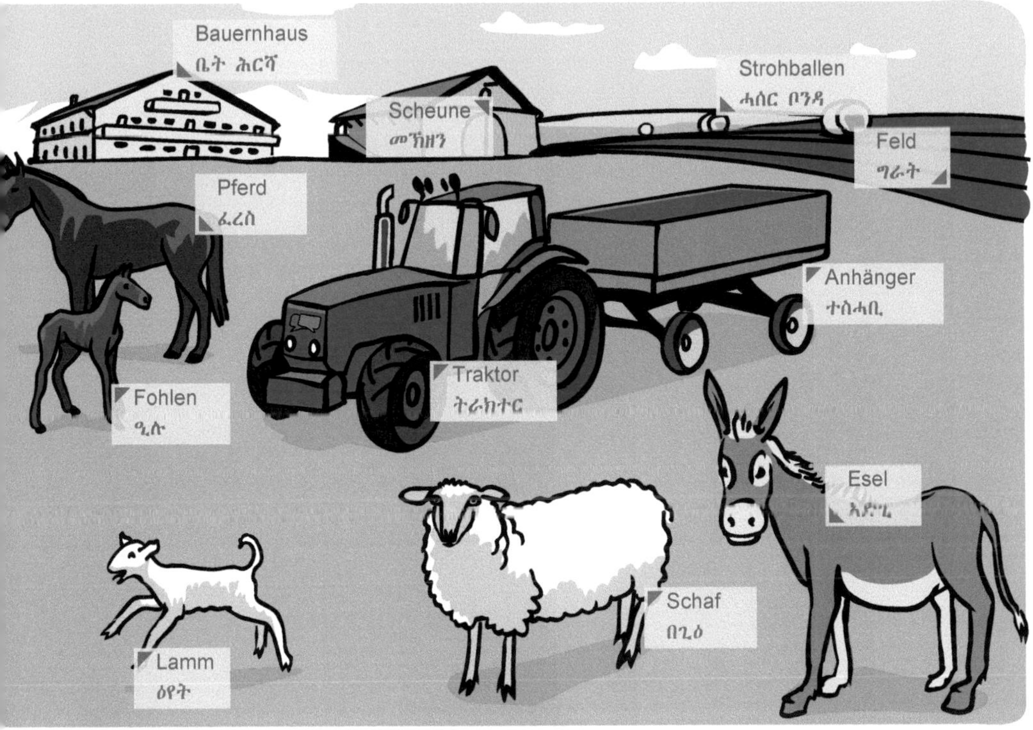

Schwein

ሓሰማ

Ferkel

ውላድ ሓሰማ

Bulle

ኣርሓ

Gans

ዓዓ

Ente

ማይ ደርሆ

Küken

ጫቑት

Huhn

ደርሆ

Hahn

ኣርሓ ደርሆ

Ratte

ኣንጨዋ ዓባይ

Katze

ድሙ

Maus

ኣንጭዋ

Ochse

ብዕራይ

Hund

ከልቢ

Hundehütte

ኣጉዶ ከልቢ

Gartenschlauch

ቱባ ጀርዲን

Gießkanne

መዝፈፊ ማይ

Sense

ዓቢ ማዕጺድ

Pflug

ማሕረሻ

Sichel

ማዕጺድ

Hacke

ጭኳሮ

Mistgabel

መስአ

Axt

ፋስ

Schubkarre

ዓረብያ ኢድ

Trog

ጋብላ

Milchkanne

ብርጭቆ ጸባ

Sack

ክሻ

Zaun

ሓጹር

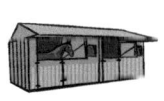

Stall

መጓሰስ

Treibhaus

ቐጠልያ ገዛ

Boden

ባይታ

Saat

ዘርኢ

Dünger

ድኹዒ

Mähdrescher

ዙጣምር ቀውዓይ

ernten

ቀውዐ

Ernte

ጻማ

Yamswurzel

ድንሽ ያም

Weizen

ስርናይ

Soja

ሶያ

Kartoffel

ድንሽ

Mais

ዕፉን

Raps

ራፕስ

Obstbaum

ገረብ ፍረታት

Maniok

ማኒኦክ

Getreide

ኣእኽል

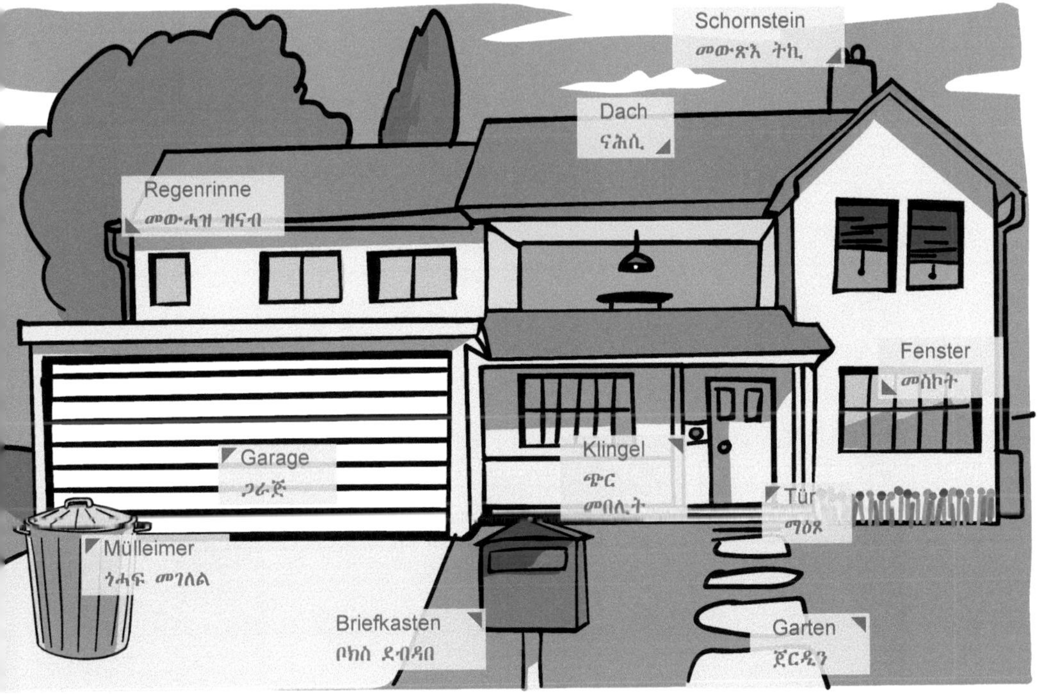

Schornstein
መውጽእ ትኪ
Dach
ናሕሲ
Regenrinne
መውሓዝ ዝናብ
Fenster
መስኮት
Klingel
ጭር
መበሊት
Garage
ጋራጅ
Tür
ማዕጾ
Mülleimer
ጎሓፍ መገለል
Briefkasten
ቦክስ ደብዳበ
Garten

Wohnzimmer

ክፍሊ ምቕማጥ

Badezimmer

ክፍሊ ባንዮ

Küche

ክሽነ

Schlafzimmer

ክፍሊ መደቀሲ

Kinderzimmer

ክፍሊ ቆልዑ

Esszimmer

መመገቢ ክፍሊ

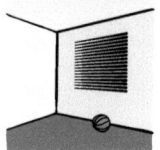

Boden
....
ባይታ

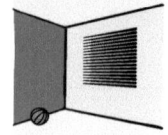

Wand
....
መንደቕ

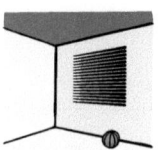

Decke
....
ከቦርታ

Keller
....
ካንቲና

Sauna
....
ሳውና

Balkon
....
ባልኮን

Terrasse
....
ዛላ

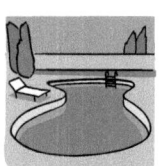

Schwimmbad
....
መሕምበሲ

Rasenmäher
....
መቑረጺ ሳዕሪ

Bettbezug
....
ኣንሶላ ዓራት

Bettdecke
....
ከቦርታ ዓራት

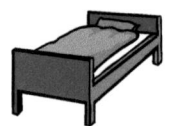

Bett
....
ዓራት

Besen
....
መኾስተር

Eimer
....
መገለል

Schalter
....
መወልዓ.ት

Wohnzimmer

ክፍሊ ምቕማጥ

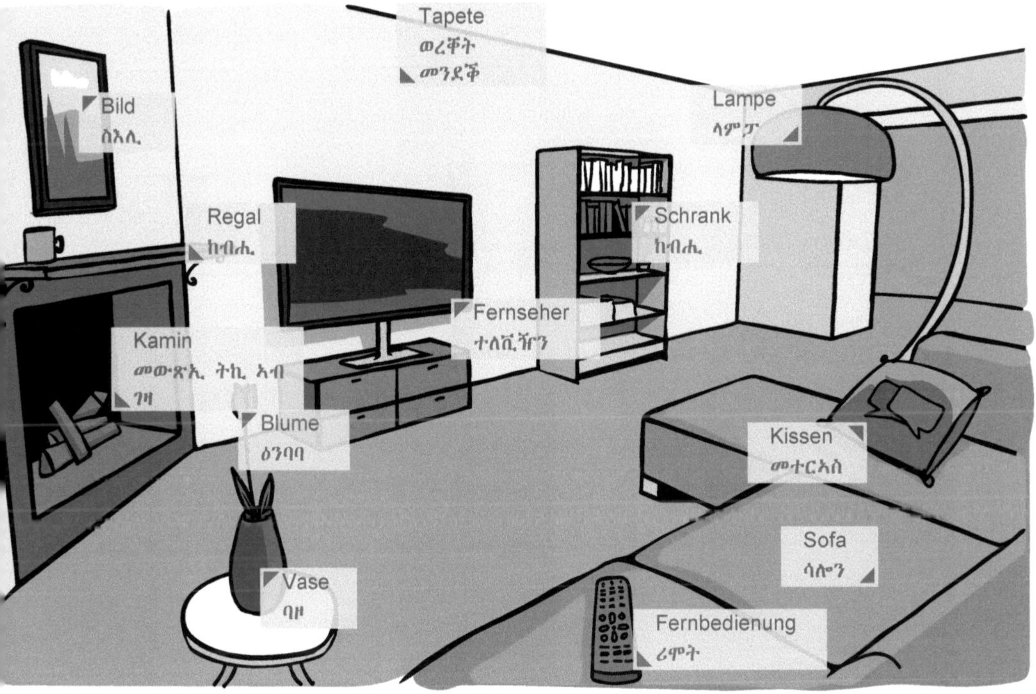

Tapete
ወረቐት
መንደቕ
Bild
ስእሊ
Lampe
ላምፓ
Regal
ከብሒ
Schrank
ከብሒ
Fernseher
ተለቪዥን
Kamin
መውጽኢ ትኪ ኣብ ገዛ
Blume
ዕንባባ
Kissen
መተርኣስ
Sofa
ሳሎን
Vase
Fernbedienung
ሪሞት

Teppich

መንጸፍ

Vorhang

መጋረጃ

Tisch

ጣውላ

Stuhl

መንበር

Schaukelstuhl

ሰለል ዝብል መንበር

Sessel

መንበር ምቹእ

Buch

መጽሓፍ

Decke

ክቦርታ

Dekoration

ስልማት

Feuerholz

እንጨይቲ ሓዊ

Film

ፊልም

Stereoanlage

ስተሪዮ

Schlüssel

መፍትሕ

Zeitung

ጋዜጣ

Gemälde

ቕብኣ

Poster

ፖስተር

Radio

ሬድዮ

Notizblock

ጥራዝ

Staubsauger

መልገሲ ደሮና

Kaktus

በለስ

Kerze

ሽምዓ

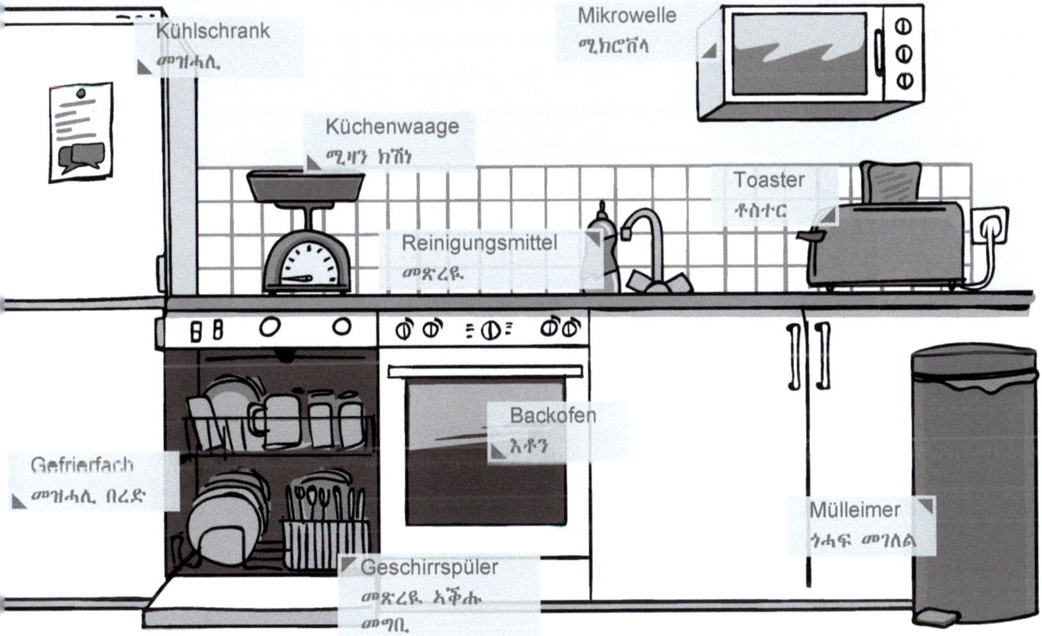

Kühlschrank
መዝሓሊ

Mikrowelle
ሚክሮቨላ

Küchenwaage
ሚዛን ክሽነ

Reinigungsmittel
መጽረዪ

Toaster
ቶስተር

Gefrierfach
መዝሓሊ በረድ

Backofen
እቶን

Mülleimer
ጓሓፍ መገለል

Geschirrspüler
መጽረዪ አቕሑ
መግቢ

Herd	Topf	Eisentopf
መኽሸኒ	ድስቲ	ድስቲ ሓጺን

Wok / Kadai	Pfanne	Wasserkocher
ቮክ/ካዳይ	ባደላ	መውዓዪ ማይ

Dampfgarer

መፍልሒ

Backblech

ጓንቴራ ምስንካት

Geschirr

ኣቕሑ መግቢ

Becher

ብርጭቆ

Schale

ጭሕሎ

Essstäbchen

ማንካቺና

Suppenkelle

ማንካ መረቕ

Pfannenwender

መገልበጢ ባደላ

Schneebesen

መኾስተር ውርጪ

Kochsieb

መንፊት መግቢ

Sieb

መንፊት

Reibe

መፋሕፍሒ

Mörser

ሞርታር

Grill

ባርቢክዩ

Feuerstelle

ስፍራ ሓዊ

Schneidebrett

....

እንጨይቲ ምምታር

Nudelholz

....

እንጨይቲ ኩረር

Korkenzieher

....

መኽፈት ቡሽ

Dose

....

ታኒካ

Dosenöffner

....

መኽፈቲ ታኒካ

Topflappen

....

ጨርቂ ድስቲ

Waschbecken

....

ቡምባ

Bürste

....

ኣስባስላ

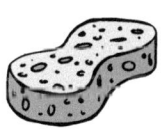

Schwamm

....

ሰፍነግ

Mixer

....

ሓዋሲ ኣደባላቒ

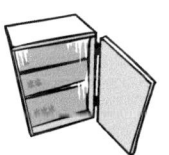

Gefriertruhe

....

መዝሓሊ በረድ

Babyflasche

....

ጥርሙዝ ማማይ

Wasserhahn

....

ቡምባ ማይ

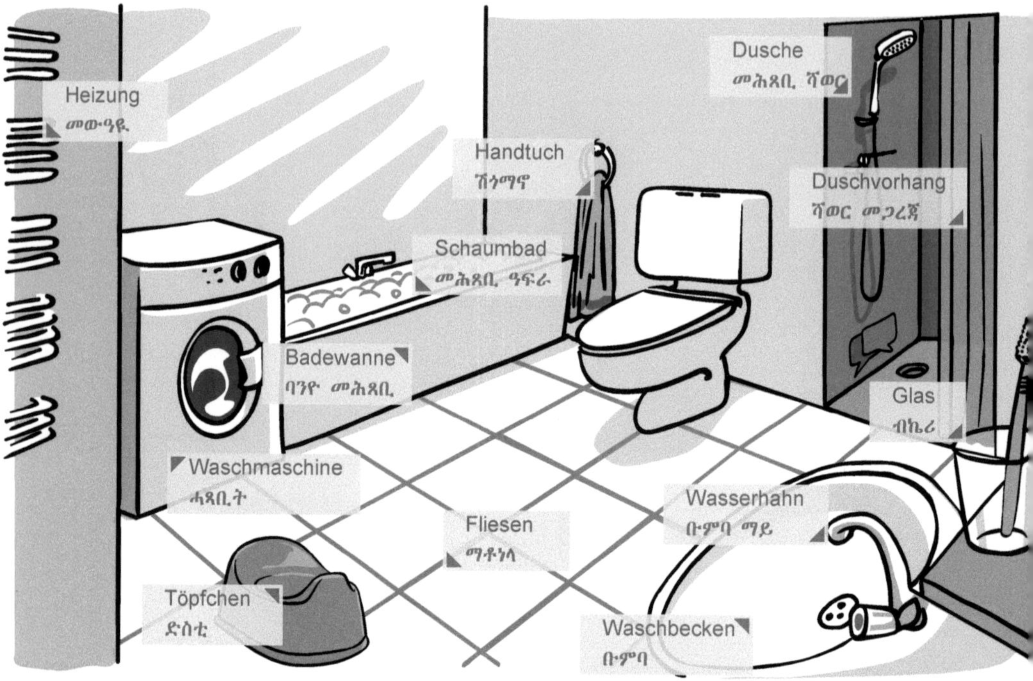

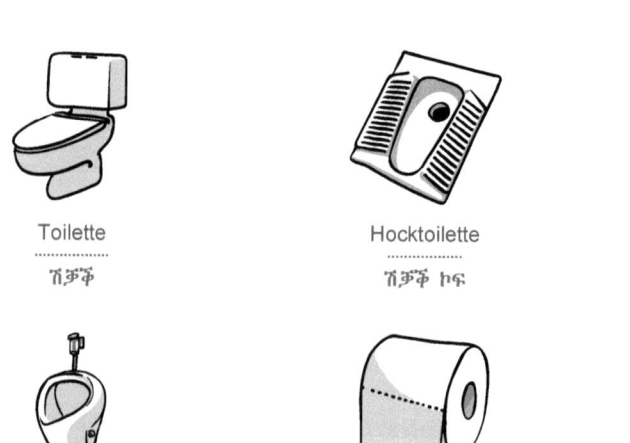

Badezimmer

ክፍሊ ባንዮ

Dusche
መሕጸቢ ሻወር
Heizung
መውዓዪ
Handtuch
ሽጎማኖ
Duschvorhang
ሻወር መጋረጃ
Schaumbad
መሕጸቢ ዓፍራ
Badewanne
Glas
ብኬሪ
Waschmaschine
ሓጻቢት
Wasserhahn
ቡምባ ማይ
Fliesen
ማቶነላ
Töpfchen
ድስቲ
Waschbecken
ቡምባ

Toilette

ሽቓቕ

Hocktoilette

ሽቓቕ ኮፍ

Bidet

በዴ

Pissoir

ሽቓቕ ተባዕታይ

Toilettenpapier

ወረቐት ሽቓቕ

Toilettenbürste

ኣስባስላ ሽቓቕ

Zahnbürste

....

ኣስባስላ ስኒ

Zahnpasta

....

ክረማ ስኒ

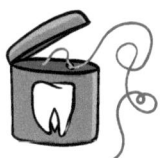

Zahnseide

....

ሃሪ ስኒ

waschen

....

ሓጸበ

Handbrause

....

ዱሽ ኢድ

Intimdusche

....

ዱሽ

Waschschüssel

....

ብርጭቆ ምሕጻብ

Rückenbürste

....

ኣስባስላ ሕቖ

Seife

....

ሳምና

Duschgel

....

ሻወር ጀል

Shampoo

....

ሻምፑ

Waschlappen

....

ጨርቂ መሕጸቢ

Abfluss

....

መውሓዚ

Creme

....

ክሬማ

Deodorant

....

ደዮ ጨና

Spiegel
....
መስትያት

Kosmetikspiegel
....
ናይ ኢድ መስትያት

Rasierer
....
መላጸ

Rasierschaum
....
ዓፍራ ምልጻይ

Rasierwasser
....
ጨና ድሕሪ ምልጻይ

Kamm
....
መመሽጥ

Bürste
....
ኣስባስላ

Föhn
....
መንቐጺ ጸጉሪ

Haarspray
....
ስፕረይ ጸጉሪ

Makeup
....
መመላኽዒ

Lippenstift
....
ብርዒ ቀለም ከንፈር

Nagellack
....
ኣዝማልቶ

Watte
....
ጸምሪ ጡጥ

Nagelschere
....
መስደዲ ጽፍሪ

Parfum
....
ጨና

Kulturbeutel

ሳንጣ መሕጸቢ

Hocker

ድኳ

Waage

ሚዛን

Bademantel

ክዳን መሕጸቢ

Gummihandschuhe

ጓንቲ መጸረዪ

Tampon

ታምፖን

Damenbinde

ጨርቂ ሰበይቲ

Chemietoilette

ሽቓቕ ከሚስትሪ

Kinderzimmer

ክፍሊ ቆልዑ

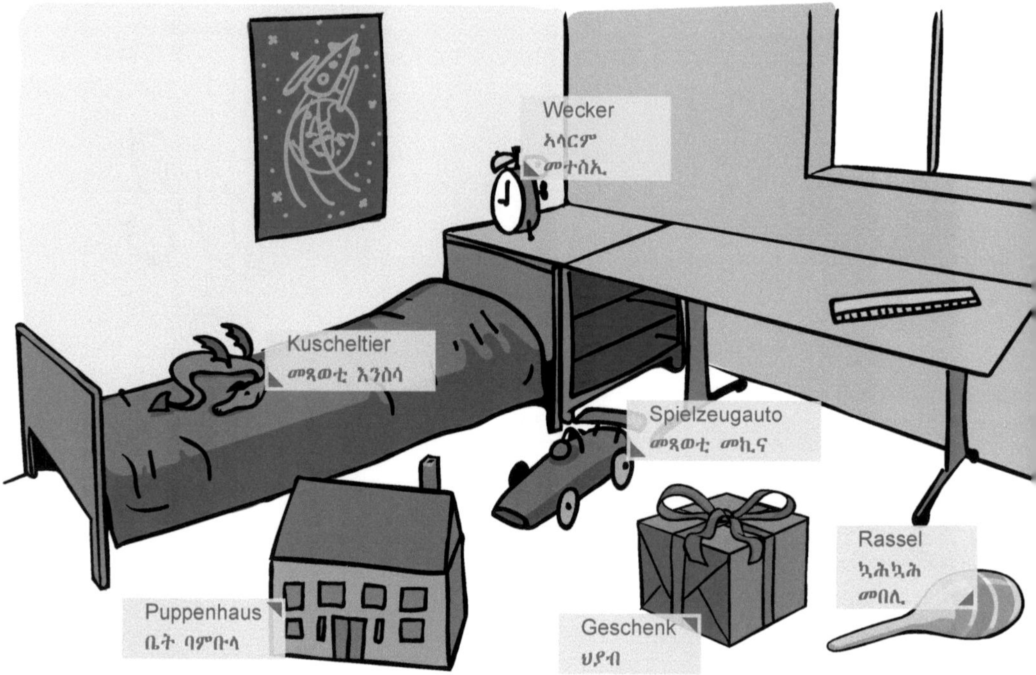

Wecker
ኣላርም መተስኢ
Kuscheltier
መጻወቲ እንስሳ
Spielzeugauto
መጻወቲ መኪና
Rassel
ኳሕኳሕ መበሊ
Puppenhaus
ቤት ባምቡላ
Geschenk
ህያብ

Ballon
....
ባላንችና

Bett
....
ዓራት

Kinderwagen
....
ሰረገላ ህጻን

Kartenspiel
....
ጸወታ ካርታ

Puzzle
....
ሕንቅሊተይ

Comic
....
ኮሚዲ

Legosteine

እምንታት መጻወቲ ለጎ

Bausteine

መጻወቲ እምንታት

Action Figur

በዓል ኣክቾን

Strampelanzug

ክዳን ማማይ

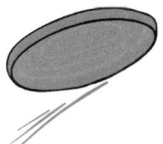

Frisbee

ፍሪስቢ

Mobile

ሞባይል ማማይ

Brettspiel

ጸወታ ሰሌዳ

Würfel

ኩቦ

Modelleisenbahn

ሞደል ባቡር ምድሪ

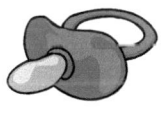

Schnuller

ዓባስ

Party

ፓርቲ

Bilderbuch

መጽሓፍ ስእሊ

Ball

ኩዕሶ

Puppe

ባምቡላ

spielen

ተጻወተ

Sandkasten

መጻወቲ ሑጻ

Schaukel

ሰላል

Spielzeug

መጻወቲታት

Spielkonsole

ኮንሶል ቪድዮ

Dreirad

መጻወቲ ሰለስተ መንኮርኮር

Teddy

ተዲ

Kleiderschrank

ከብሒ ክዳን

Kleidung

ክዳን

Socken

ካልስታት

Strümpfe

ነዊሕ ካልስታት

Strumpfhose

ስረ ካልሲ

Schal
ሻርባ
Gürtel
ቁልፊ
Regenschirm
ጽላል
T-Shirt
ማልያ
Turnschuhe
Stiefel
Hausschuhe
ጫማ ገዛ

Sandalen

....

ሸበጥ

Schuhe

....

ጫማ

Gummistiefel

....

ረፋዕ ጎማ

Unterhose

....

ሙታንታ

Büstenhalter

....

ክዳን ጡብ

Unterhemd

....

ትሕተ ካሚቻ

Body

ቦዲ

Hose

ስረ

Jeans

ጂንስ

Rock

ቀምሽ

Bluse

ካምቻ

Hemd

ካሚቻ

Pullover

ጉልፎ

Kapuzenpullover

ጎልፎ

Blazer

ጃኬት

Jacke

ጃከት

Mantel

ጁባ

Regenmantel

ክዳን ዝናብ

Kostüm

ኮስቱም

Kleid

ቀምሽ

Hochzeitskleid

ቀምሽ መርዓ

Anzug

ልብሲ

Nachthemd

ካሚቻ ለይቲ

Schlafanzug

ክዳን ለይቲ

Sari

ሳሪ

Kopftuch

መሃረብ ርእሲ

Turban

ቱርባን

Burka

ቡርካ

Kaftan

ካፍታን

Abaya

ኣባያ

Badeanzug

ክዳን መሕምበሲ

Badehose

ስረ መሕምበሲ

Kurze Hose

ሓጺር ስረ

Trainingsanzug

ክዳን ታዕሊም

Schürze

በጃ ክዳን

Handschuhe

ጓንቲ

Knopf

መልጎም

Brille

መነጽር

Armband

በንናጅር

Halskette

ማዕተብ

Ring

ቀለበት

Ohrring

ኩትሻ

Mütze

ቆብዕ

Kleiderbügel

መንበሪ ጁባ

Hut

ባርኔጣ

Krawatte

ካርራቫት

Reißverschluss

ሻርኔጣ

Helm

ሀልመት

Hosenträger

መድልደል ስረ

Schuluniform

ድቢዛ ቤትትምህርቲ

Uniform

ድቢዛ

Lätzchen

ሰደርያ ቆልዓ

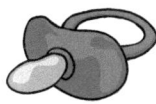

Schnuller

ዓባስ

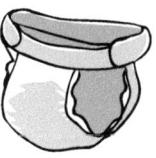

Windel

ጨርቂ ማማይ

Büro

ቤት ጽሕፈት

Server
ሰርቨር
Aktenschrank
ከብሒ ሰነድ
Papier
ወረቐት
Drucker
ፕሪንተር
Monitor
Maus
ኣንጭዋ
Schreibtisch
ጣውላ ምጽሓፍ
Ordner
Tastatur
ኪቦርድ
Papierkorb
ጎሓፍ ወረቐት
Computer
ኮምፒተር
Stuhl
መንበር

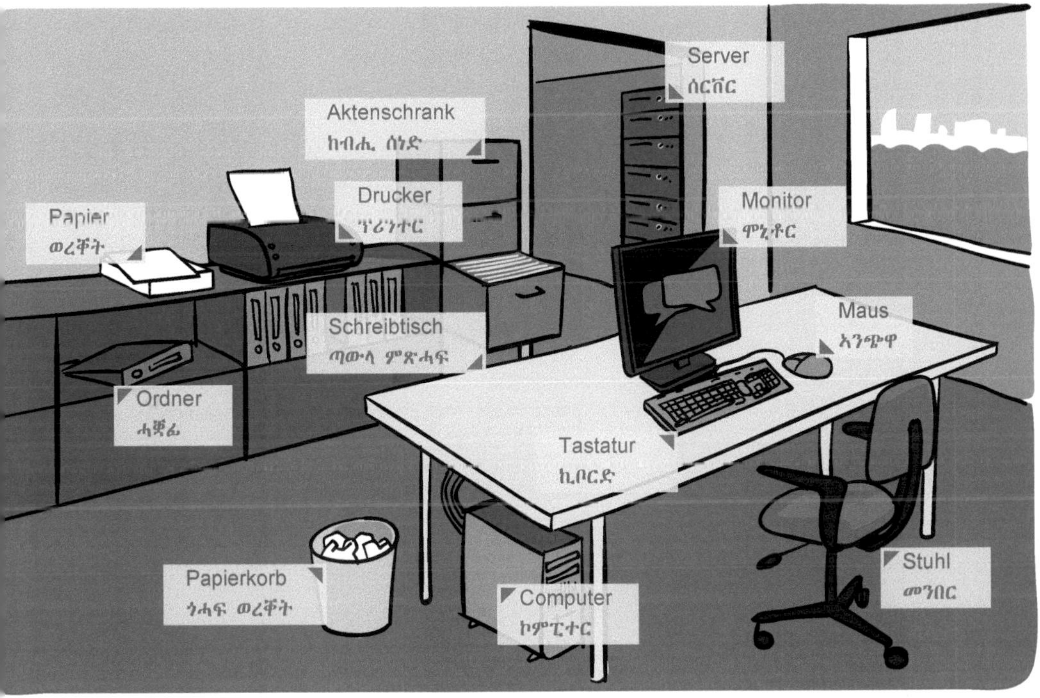

Kaffeebecher

ብርጭቆ ቡን

Taschenrechner

ካልኩለተር

Internet

ኢንተርነት

Laptop

ለፕቶፕ

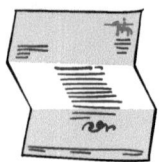

Brief

ደብዳበ

Nachricht

መልእኽቲ

Handy

ሞባይል

Netzwerk

ነትወርክ/መርበብ

Kopierer

መቅድሒ ፎቶኮፒ

Software

ሶፍትዌር

Telefon

ተለፎን

Steckdose

ሶከት ኳረንቲ

Fax

ፋክስ

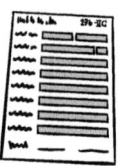

Formular

ፎርም

Dokument

ሰነድ

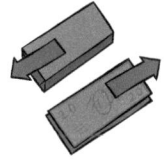

kaufen

ገዝአ

bezahlen

ከፈለ

handeln

ንግዲ

Geld

ገንዘብ

Dollar

ዶላር

Euro

ኦይሮ

Yen

የን

Rubel

ሩብል

Franken

ስዊዝ ፍራንከን

Renminbi Yuan

ረንሚንቢ ዩዋን

Rupie

ሩፒየ

Geldautomat

መውጽኢ ማሺን ገንዘብ

Wechselstube

ቦታ ቅያር ገንዘብ

Gold

ወርቂ

Silber

ብሩር

Öl

ዘይቲ

Energie

ሓይሊ

Preis

ዋጋ

Vertrag

ውዕል

Steuer

ቀረጽ

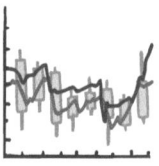

Aktie

እኩብ ጥረ-ነገራት

arbeiten

ሰርሐ

Angestellter

ሰራሕተኛ

Arbeitgeber

ኣስራሒ

Fabrik

ትካል

Geschäft

ዱኳን

Berufe

ሞያታት

Feuerwehrmann
Polizist
በዓል ፖሊስ
Koch
Arzt
ሓኪም
Pilot
መራሒ ነፋሪት

Gärtner

ሰራሕተኛ ጀርዲን

Tischler

ጸራቢ ዕንጸይቲ

Näherin

ሰፋይት

Richter

ፈራዳይ

Chemiker

ቀማሚ

Schauspieler

ተዋሳኢ

Busfahrer

....

መራሒ ኣዉቶቡስ

Taxifahrer

....

ኣውቲስታ ታክሲ

Fischer

....

ገፋፊ ዓሳ

Putzfrau

....

ጸራጊት

Dachdecker

....

ሃናጻይ ናሕሲ

Kellner

....

ኣሰላፊ

Jäger

....

ሃዳናይ

Maler

....

ሰኣላይ

Bäcker

....

እንዳ ሕብስቲ

Elektriker

....

ኤለትሪከኛ

Bauarbeiter

....

ሃናጺ ኣባይቲ

Ingenieur

....

ሃንዳሲ

Schlachter

....

ሰራሕተኛ እንዳ ስጋ

Klempner

....

ድራብሊኮ

Postbote

....

ኣማላላሲ ፖስጣ

Soldat

ወተሃደር

Architekt

መሃንድስ

Kassierer

ተሓዚ ገንዘብ

Florist

ሰራሕተኛ ዕምባባ

Friseur

ቀምቃማይ

Schaffner

ፈተሪኖ

Mechaniker

መካኒክ

Kapitän

መራሒ መርከብ

Zahnarzt

ሓኪም ስኒ

Wissenschaftler

ተመራማሪ

Rabbi

ራቢ

Imam

ኢማም

Mönch

ፈላሲ

Geistlicher

ቀሺ

Werkzeuge

ናውቲ

Hammer
ሞደሻ
Zange
ጉጤት
Schraubendreher
ዘዋር መስኒ
Taschenlampe
ላምፓዲና
Schraubenschlüssel
መፋትሕ

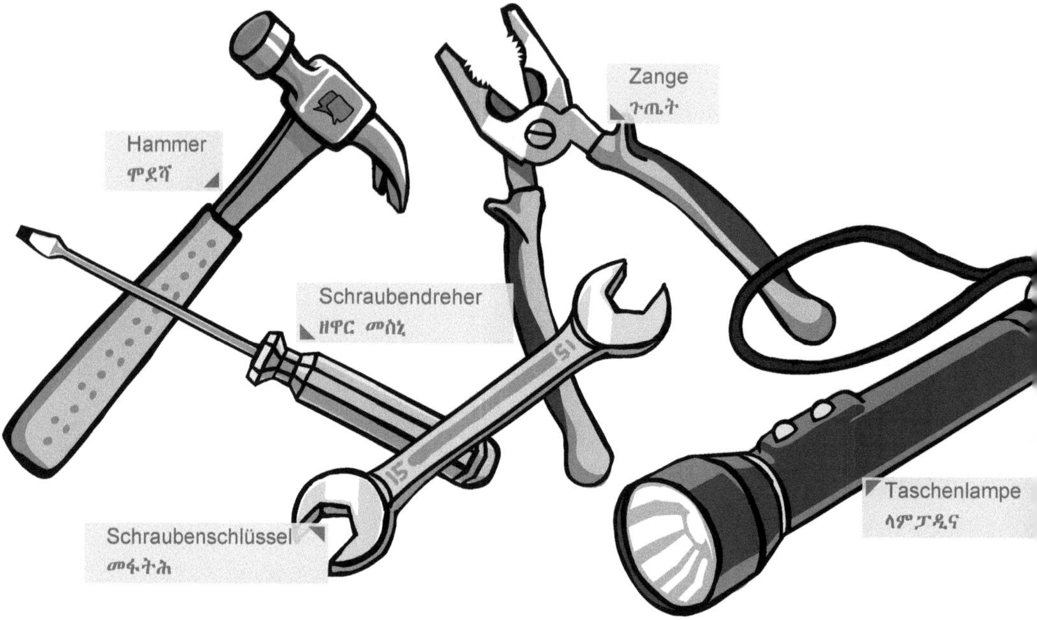

Bagger

ፈሓሪ

Werkzeugkasten

ናውቲ ቦክስ

Leiter

መደያይቦ

Säge

መጋዝ

Nägel

መስማር

Bohrer

ኩዓቲ

reparieren

ምዕራይ

Schaufel

ባደላ

Mist!

አይ!

Kehrblech

መትሓዚ ዶሮና

Farbtopf

ድስቲ ቀለም

Schrauben

ካቻቢተ

Musikinstrumente

መሳርሒ ሙዚቃ

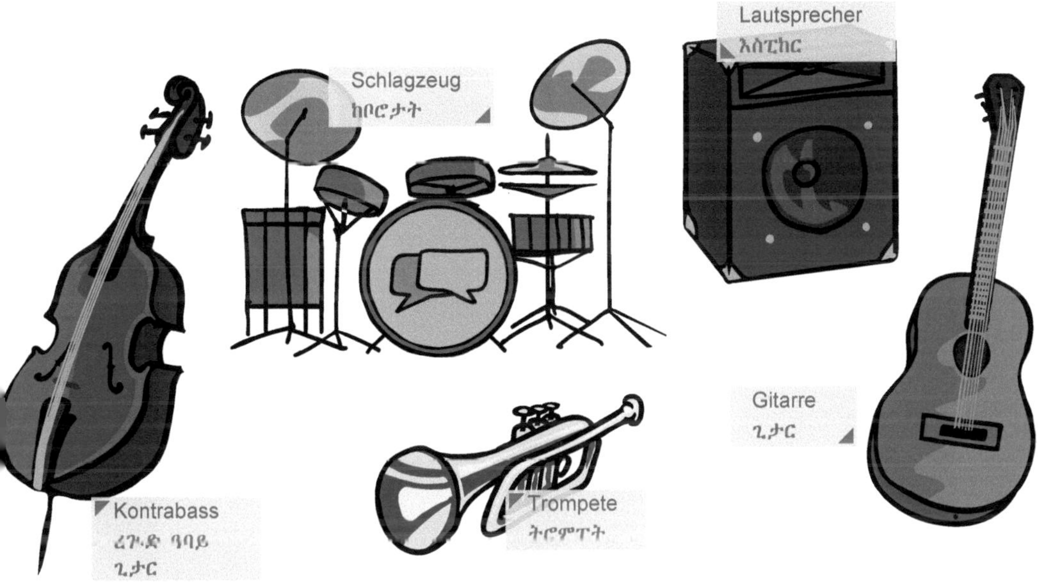

Schlagzeug
ከበሮታት

Lautsprecher
እስፒከር

Kontrabass
ረጉድ ባባይ
ጊታር

Trompete
ትሮምፐት

Gitarre
ጊታር

Klavier

ፒያኖ

Violine

ቪዮሊን

Bass

ባስ ጊታር

Pauke

ቲምንኢ

Trommeln

ከቦሮ

Keyboard

ኦርጋን

Saxophon

ሳክሶፎን

Flöte

ሻምብቆ

Mikrofon

ሚክሮፎን

Eingang
መእተዊ
Tiger
ነብሪ
Käfig
ጎብያ
Zebra
Tiorfuttor
መግቢ እንስሳ
Panda
ፓንዳ

Tiere
እንስሳታት

Elefant
ሓርማዝ

Känguru
ካንጋሩ

Nashorn
ሓሪሽ

Gorilla
ጉሪላ

Bär
ድቢ

Kamel

ገመል

Strauß

ሰገን

Löwe

ኣንበሳ

Affe

ህበይ

Flamingo

ፍላሚንጎ

Papagei

ሕንጻይ

Eisbär

ድቢ በረድ

Pinguin

ፐንጉን

Hai

ከልቢ ዓሳ

Pfau

ጣውስ

Schlange

ተመን

Krokodil

ሓርገጽ

Zoowärter

ሓላዊ ቤት ገርድሽ

Robbe

ዓሳ ዚምገብ እንስሳ ባሕሪ

Jaguar

ጃጓር

Pony

....

ሓጺር ፈረስ

Leopard

....

ነብሪ

Nilpferd

....

ጉማረ

Giraffe

....

ጂራፍ

Adler

....

ሊሳ

Wildschwein

....

መፍለስ

Fisch

....

ዓሳ

Schildkröte

....

ጎብየ

Walross

....

ዋልሩስ

Fuchs

....

ወኻርያ

Gazelle

....

ሰስሓ

Sport
ስፖርት

American Football
ናይ ኣሜሪካ ኩዕሶ እግሪ
Radfahren
ምዝዋር ብሽግለታ
Tennis
ተኒስ
Basketball
ባስከትባል
Schwimmen
ምሕምባስ
Boxen
ቦክሲንግ
Eishockey
ሆኪ በረድ

Fußball

ኩዕሶ እግሪ

Badminton

ባድሚንቶን

Leichtathletik

እስፖርታዊ ንጥፈታት

Handball

ኩዕሶ ኢድ

Skilaufen

ስኪ

Polo

ፖሎ

Aktivitäten

ንጥፈታት

lachen
ሰሓቐ
springen
ነጠረ
umarmen
ሓቖፈ
gehen
ከደ
singen
ደረፈ
träumen
ሓለመ
beten
ጸለየ
küssen
ሰዓመ

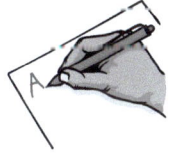

schreiben

ጸሓፈ

zeichnen

ሰኣለ

zeigen

ኣርኣየ

drucken

ደፍአ

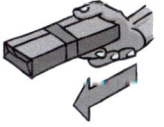

geben

ሃበ

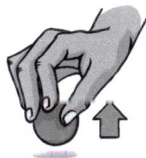

nehmen

ወሰደ

haben

ኣለወ

tun

ገበረ

sein

ኮነ

stehen

ጠጠው በለ

laufen

ጎየየ

ziehen

ሰሓበ

werfen

ሰንደወ

fallen

ወደቐ

liegen

ሓሰወ

warten

ተጸበየ

tragen

ሰከም

sitzen

ኮፍ በለ

anziehen

ተኸድነ

schlafen

ደቀሰ

aufwachen

ተስአ

ansehen

ረአየ

weinen

በኸየ

streicheln

ብኣጻብዑ ደረዘ

kämmen

መሸጠ

reden

ተዛረበ

verstehen

ተረድአ

fragen

ሓተተ

hören

ሰምዐ

trinken

ሰተየ

essen

በልዐ

aufräumen

ኣቐመጠ

lieben

ኣፍቀረ

kochen

ከሸነ

fahren

ዘወረ

fliegen

ነፈረ

segeln

....

ብመርከብ ገየሸ

rechnen

....

ደመረ

lesen

....

ኣንበበ

lernen

....

ተመሃረ

arbeiten

....

ሰርሐ

heiraten

....

መርዓወ

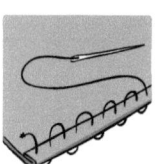

nähen

....

ሰፈየ

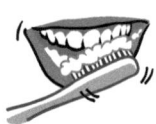

Zähne putzen

....

ጽሬት ኣስናን

töten

....

ቀተለ

rauchen

....

ሽጋራ ተከኸ

senden

....

ሰደደ

Familie

ስድራቤት

Großmutter
Großvater
ኣቦሓጎ
Vater
ኣቦ
Mutter
ኣደ
Baby
Tochter
ጓል
Sohn
ወዲ

Gast

ጋሻ

Tante

ሓትኖ

Onkel

ኣኮ

Bruder

ሓው

Schwester

ሓፍቲ

Körper

ኣካላት

Stirn
ግንባር
Auge
ዓይኒ
Schulter
መንኩብ
Finger
ኣጻብዕ
Gesicht
ገጽ
Kinn
መንከስ
Hand
ኢድ
Bein
ሽፋን እግሪ
Brust
ኣፍ-ልቢ
Arm
ምናት

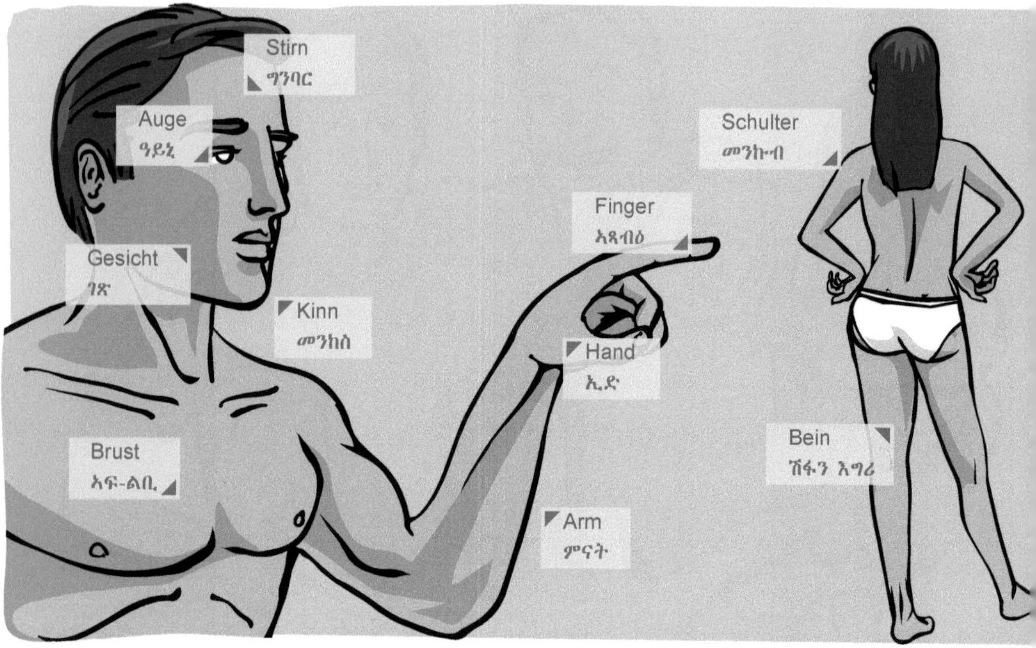

Baby

ማማይ

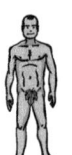

Mann

ሰብኣይ

Frau

ሰበይቲ

Mädchen

ጓል

Junge

ወዲ

Kopf

ርእሲ

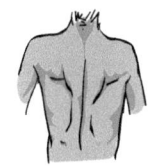

Rücken

ሕቖ

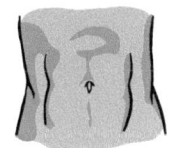

Bauch

ከስዐ

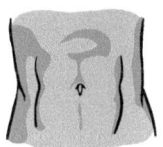

Nabel

ሕምብርቲ

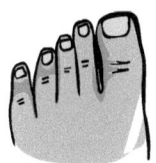

Zeh

ኣጻብዕ እግሪ

Ferse

ኩርኹረ

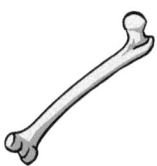

Knochen

ዓጽሚ

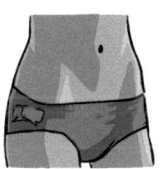

Hüfte

ምሕኳልቲ

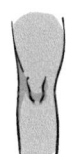

Knie

ብርኪ

Ellenbogen

ፎግፎጐ

Nase

ኣፍንጫ

Gesäß

መዓኮር

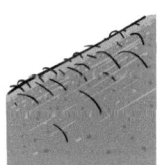

Haut

ቆርበት

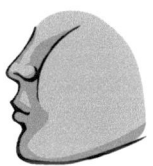

Wange

ምዕጉርቲ

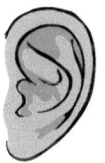

Ohr

እዝኒ

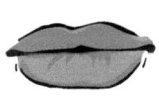

Lippe

ከንፈር

Mund

ኣፍ

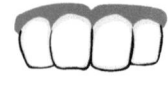

Zahn

ስኒ

Zunge

መልሓስ

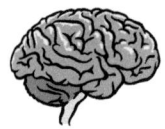

Gehirn

ሓንጎል

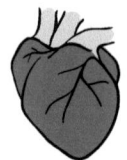

Herz

ልቢ

Muskel

ጭዋዳ

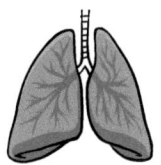

Lunge

ሳንቡእ

Leber

ጸላም ከብዲ

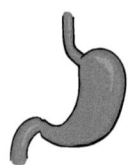

Magen

ከብዲ

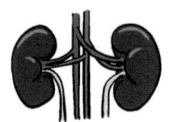

Nieren

ኩሊት

Geschlechtsverkehr

ግብረ ስጋ

Kondom

ኮንዶም

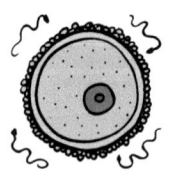

Eizelle

እንቋቑሖ

Sperma

ዘርኢ ተባዕታይ

Schwangerschaft

ጥንሲ

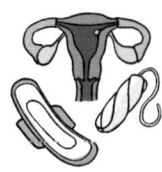

Menstruation

ጽግያት

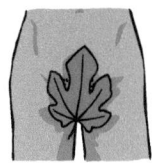

Vagina

ርሕሚ

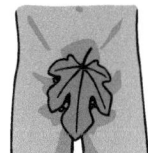

Penis

መትሎ

Augenbraue

ሽፋሽፍቲ

Haar

ጸግሪ

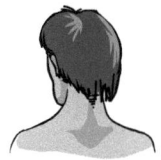

Hals

ክሳድ

Krankenhaus

ሆስፒታል

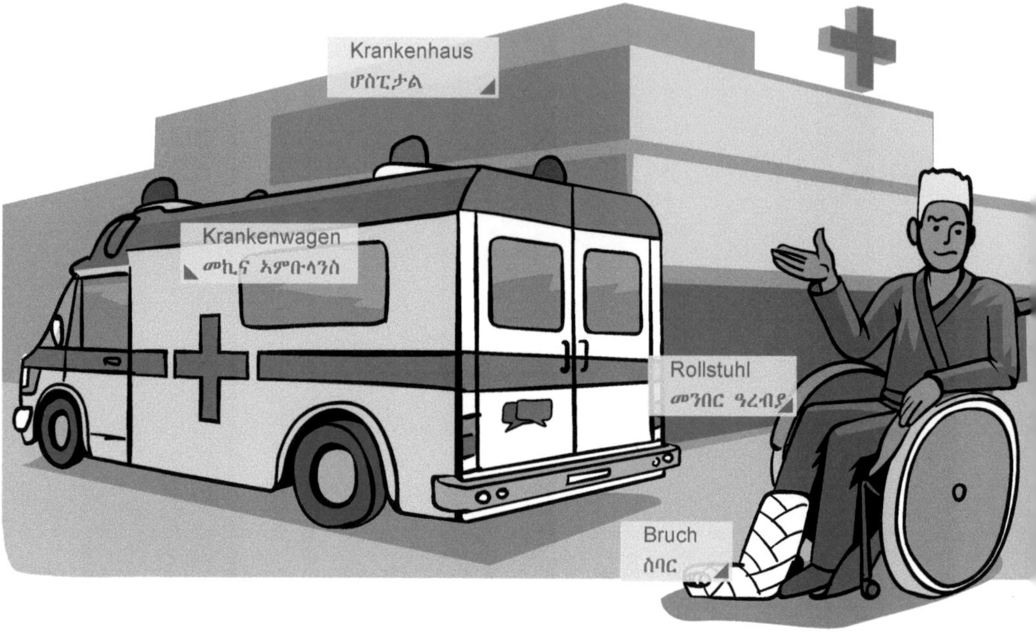

Krankenhaus
Krankenwagen
መኪና ኣምቡላንስ
Rollstuhl
መንበር ዓረብያ
Bruch
ስባር

Arzt
....
ሓኪም

Notaufnahme
....
ክፍሊ ህጹጽ ረድኤት

Krankenschwester
....
ኣላይት

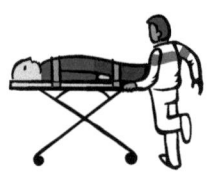

Notfall
....
ህጹጽ ኩነት

ohnmächtig
....
ውነኡ ዘጥፍአ

Schmerz
....
ቃንዛ

Verletzung

ጉድኣት

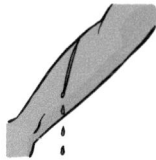

Blutung

ደም

Herzinfarkt

ማህረምቲ

Schlaganfall

ማህረምቲ

Allergie

ኣለርጂ

Husten

ሰዓል

Fieber

ረስኒ

Grippe

ኡንፍልወንዛ

Durchfall

ውጽኣት

Kopfschmerzen

ቃንዛ ርእሲ

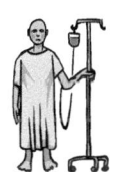

Krebs

መንሽሮ

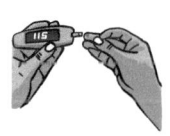

Diabetis

ሹኮርያ

Chirurg

ሓኪም መጥባሕቲ

Skalpell

መጥባሒ

Operation

መጥባሕቲ

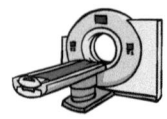

CT

CT

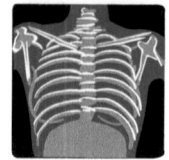

Röntgen

ራጂ

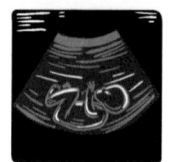

Ultraschall

ልዕለ ድምጻዊ

Maske

መሸፈኒ ገጽ

Krankheit

ሕማም

Wartezimmer

ክፍሊ ምጽባይ

Krücke

ምርኩስ

Pflaster

መጀነኒ ቁስሊ

Verband

መጀነኒ

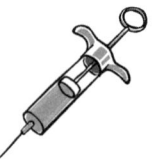

Injektion

መርፍዕ ምውጋእ

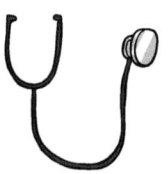

Stethoskop

ስተቶስኮፕ

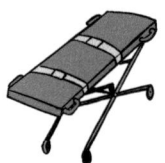

Trage

መሰከሚ ሕማም

Thermometer

ቴርሞመተር

Geburt

ትውልዲ

Übergewicht

ልዕለ-ሚዛን

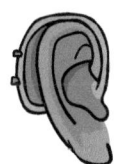

Hörgerät

ሓገዝ ምስማዕ

Desinfektionsmittel

ኣንጻሂ

Infektion

ልበዳ

Virus

ቫይረስ

HIV / AIDS

ኤድስ

Medizin

ሕክምና

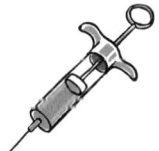

Impfung

ክታበ

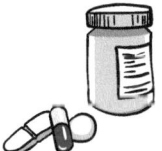

Tabletten

ከኒና

Pille

ከኒና

Notruf

ህጹጽ ምድዋል

Blutdruck-Messgerät

መዕቀኒ ጸቕጢ ደም

krank / gesund

ሕሙም / ጥዑይ

Notfall

ህጹጽ ኩነት

Hilfe!

ሓገዝ

Alarm

ኣላርም

Überfall

ምህጃም

Angriff

መጥቃዕቲ

Gefahr

ድንገት

Notausgang

ህጹጽ መውጽኢ

Feuer!

ሓዊ!

Feuerlöscher

መጥፍኢ ሓዊ

Unfall

ሓደጋ

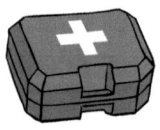

Erste-Hilfe-Koffer

ሳንጣ ቀዳማይ ረድኤት

SOS

SOS

Polizei

ፖሊስ

Erde

ምድሪ

Europa

....

ኤውሮጳ

Nordamerika

....

ሰሜን ኣመሪካ

Südamerika

....

ደቡብ ኣመሪካ

Afrika

....

ኣፍሪቃ

Asien

....

ኤስያ

Australien

....

ኣውስትራልያ

Atlantik

....

ኣትላንቲክ

Pazifik

....

ፓሲፊክ

Indischer Ozean

....

ህንዳዊ ዉቅያኖስ

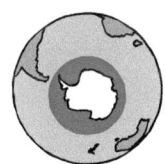

Antarktischer Ozean

....

ኣንታርቲካዊ ዉቅያኖስ

Arktischer Ozean

....

ኣርክቲካዊ ዉቅያኖስ

Nordpol

....

ሰሜናዊ ዋልታ

Südpol

ደቡባዊ ዋልታ

Antarktis

ኣንታርቲካ

Erde

ምድሪ

Land

መሬት

Meer

ባሕሪ

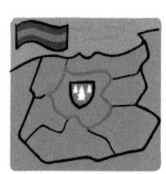

Insel

ደሴት

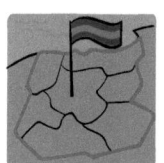

Nation

ሃገር

Staat

ዓዲ

Uhr

ሰዓት

Zifferblatt

ገጽ ሰዓት

Stundenzeiger

ኣመልካቲ ሰዓታት

Minutenzeiger

ኣመልካቲ ደቓይቕ

Sekundenzeiger

ኣመልካቲ ካልኢት

Wie spät ist es?

ሰዓት ክንደይ ኣሎ

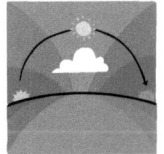

Tag

መዓልቲ

Zeit

ግዜ

jetzt

ሕጂ

Digitaluhr

ዲጂታል ሰዓት

Minute

ደቒቕ

Stunde

ሰዓት

Woche

ሰሙን

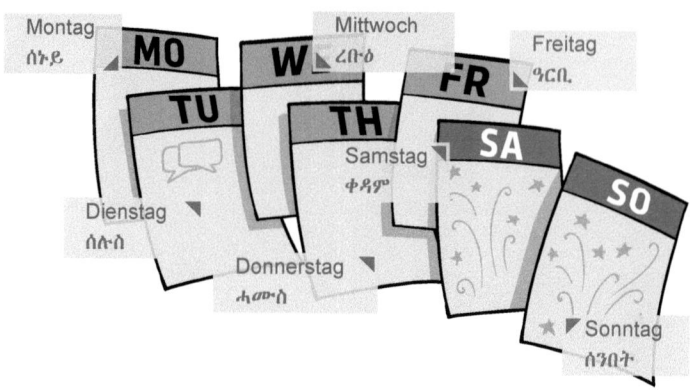

gestern	heute	morgen
ትማሊ	ሎሚ	ጽባሕ
		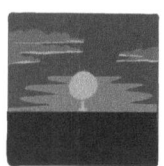
Morgen	Mittag	Abend
ንጎሆ	ቀትሪ	ምሸት

 MO	TU	WE	TH	FR	SA	SU
1	2	3	4	5	6	7
8	9	10	11	12	13	14
15	16	17	18	19	20	21
22	23	24	25	26	27	28
29	30	31	1	2	3	4

Arbeitstage

መዓልታት ስራሕ

MO	TU	WE	TH	FR	SA	SU
1	2	3	4	5	6	7
8	9	10	11	12	13	14
15	16	17	18	19	20	21
22	23	24	25	26	27	28
29	30	31	1	2	3	4

Wochenende

መወዳእታ ሰሙን

Regen
ዝናብ
Regenbogen
ቀስተ-ደመና
Wind
ንፋስ
Schnee
በረድ
Frühling
ጽድያ
Herbst
ቀውዒ
Sommer
ሓጋይ
Winter
ክረምቲ

4.APRIL 11°
5.APRIL 4°
6.APRIL 13°
7.APRIL 8°
8.APRIL 10°

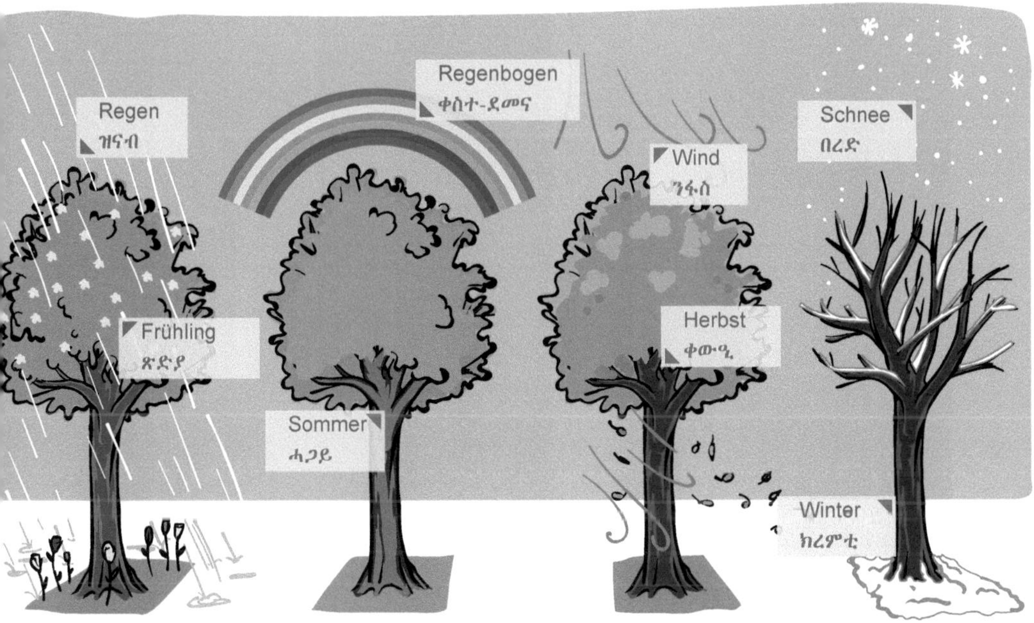

Wettervorhersage

ትንቢት ኩነታት ኣየር

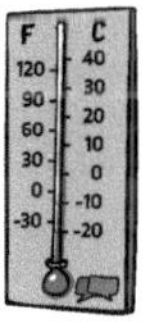

Thermometer

ቴርሞመተር

Sonnenschein

ብርሃን ጸሓይ

Wolke

ደበና

Nebel

ግመ

Luftfeuchtigkeit

ጠሊ

Blitz

ብርቂ

Donner

ነጎዳ

Sturm

ህቦብላ

Hagel

በረድ

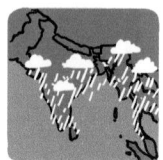

Monsun

ብርቱዕ ህቦብላ

Flut

ውሕጅ

Eis

በረድ

Januar

ጥሪ

Februar

ለካቲት

März

መጋቢት

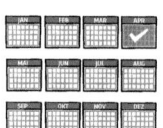

April

ሚያዝያ

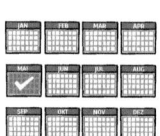

Mai

ግንቦት

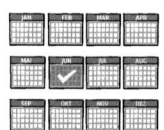

Juni

ሰነ

Juli

ሓምለ

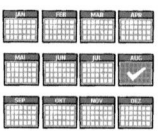

August

ነሓሰ

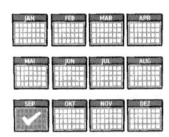

September
....
መስከረም

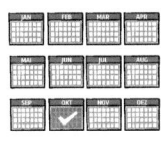

Oktober
....
ጥቅምቲ

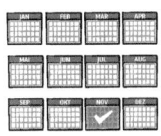

November
....
ሕዳር

Dezember
....
ታሕሳስ

Formen
ቅርጻታት

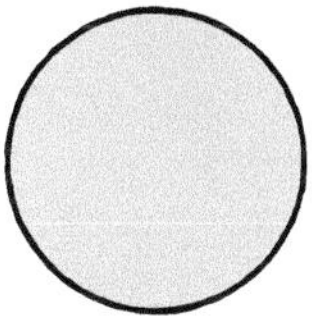

Kreis
....
ዙርያ

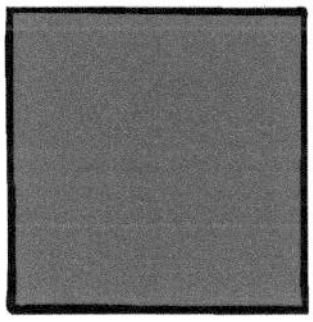

Quadrat
....
ትርብዒት

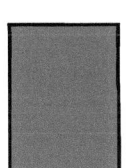

Rechteck
....
ቅኑዕ ርቡዕ ኵርናዕ

Dreieck
....
ስሉስ ኵርናዕ

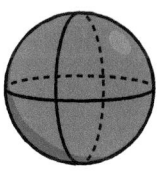

Kugel
....
ክቢ.

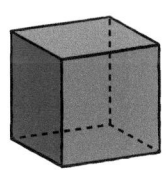

Würfel
....
ኩቦ

Farben

ሕብርታት

weiß

ጻዕዳ

gelb

ብጫ

orange

ኣራንሺ

pink

ፒንክ

rot

ቀይሕ

lila

ጁኽ

blau

ሰማያዊ

grün

ቀጠልያ

braun

ቡናዊ

grau

ሓሙኽሽታይ

schwarz

ጸሊም

Gegenteile

ኣንጻራት

viel / wenig

ብዙሕ / ውሑድ

wütend / friedlich

ሕሩቕ / ሰላማዊ

hübsch / hässlich

ጽቡቕ / ክፉእ

Anfang / Ende

መጀመርያ / መወዳእታ

groß / klein

ዓቢ / ንእሽቶ

hell / dunkel

ብሩህ / ጸልማት

Bruder / Schwester

ሓው / ሓፍቲ

sauber / schmutzig

ጽሩይ / ርሳሕ

vollständig / unvollständig

ምሉእ / ዘይምሉእ

Tag / Nacht

መዓልቲ / ለይቲ

tot / lebendig

ሙዉት / ህልው

breit / schmal

ሰፊሕ / ጸቢብ

genießbar / ungenießbar

ደስ ዘብል / ደስ ዘይብል

böse / freundlich

እኩይ / ህያዋይ

aufgeregt / gelangweilt

ርቡጽ / ስልኩይ

dick / dünn

ረጊድ / ቀጢን

zuerst / zuletzt

ቀዳማይ / ናይ መወዳእታ

Freund / Feind

ዓርኪ / ጸላኢ

voll / leer

ምሉእ / ባዶ

hart / weich

ተሪር / ልስሉስ

schwer / leicht

ከቢድ / ፈኩስ

Hunger / Durst

ጥምየት / ጽምየት

krank / gesund

ሕሙም / ጥዑይ

illegal / legal

ዘይሕጋዊ / ሕጋዊ

intelligent / dumm

መስተውዓሊ / ስዲ

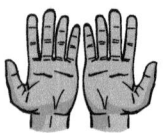

links / rechts

ጸጋም / የማን

nah / fern

ቀረባ / ርሑቕ

neu / gebraucht

ሓዲሽ / ብሉይ

nichts / etwas

ዋላ ሓደ / ገለ

alt / jung

ዓቢ/ኣረጊት / መንእሰይ

an / aus

ወልዕ / ኣጥፍእ

offen / geschlossen

ክፉት / ዕጹው

leise / laut

ህዱእ / ዓው

reich / arm

ሃብታም / ድኻ

richtig / falsch

ቅኑዕ / ግጉይ

rau / glatt

ሓርፋፍ / ልሙጽ

traurig / glücklich

ጉሁይ / ሕጉስ

kurz / lang

ሓጺር / ነዊሕ

langsam / schnell

ቀስ / ቅልጡፍ

nass / trocken

ጥሉል / ንቑጽ

warm / kühl

ምጢቕ / ዝሑል

Krieg / Frieden

ውግእ / ሰላም

Zahlen

ቁጽርታት

0

null

ዜሮ

1

eins

ሓደ

2

zwei

ክልተ

3

drei

ሰለስተ

4

vier

ኣርባዕተ

5

fünf

ሓሙሽተ

6

sechs

ሽዱሽተ

7

sieben

ሸውዓተ

8

acht

ሸሞንተ

9

neun

ትሽዓተ

10

zehn

ዓሰርተ

11

elf

ዓሰርተ ሓደ

12

zwölf

ዓሰርተ ክልተ

13

dreizehn

ዓሰርተ ሰለስተ

14

vierzehn

ዓሰርተ ኣርባዕተ

15

fünfzehn

ዓሰርተ ሓሙሽተ

16

sechzehn

ዓሰርተ ሽዱሽተ

17

siebzehn

ዓሰርተ ሸውዓተ

18

achtzehn

ዓሰርተ ሸሞንተ

19

neunzehn

ዓሰርተ ትሽዓተ

20

zwanzig

ዕስራ

100

hundert

ሚእቲ

1.000

tausend

ሽሕ

1.000.000

million

ሚልዮን

Sprachen

ቋንቋታት

Englisch

እንግሊዝኛ

Amerikanisches Englisch

ኣመሪካዊ እንግሊዛዊ

Chinesisch Mandarin

ቻይናዊ ማንዳሪን

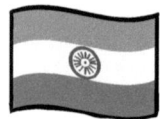

Hindi

ሂንዳዊ

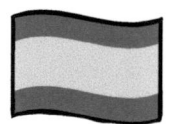

Spanisch

እስጳኛዊ

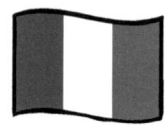

Französisch

ፈረንሳዊ

Arabisch

ዓረባዊ

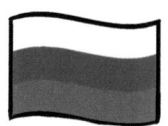

Russisch

ሩሲያዊ

Portugiesisch

ፖርቱጋላዊ

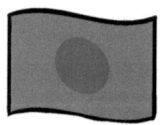

Bengalisch

በንጋሊ

Deutsch

ጀርመናዊ

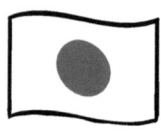

Japanisch

ጃፓናዊ

ich

አነ

du

ንስኻ/ኺ

er / sie / es

ንሱ / ንሳ / ንሱ

wir

ንሕና

ihr

ንስኹ

sie

ንሳቶም

wer?

መን?

was?

እንታይ?

wie?

ከመይ?

wo?

ኣበይ?

wann?

መዓስ?

Name

ሽም

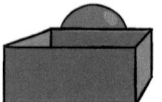

wo

ኣበይ

hinter

ድሕሪ

in

ኣብ

vor

ኣብ ቅድሚ

über

ኣብ ላዕሊ

auf

ኣብ ልዕሊ

unter

ትሕቲ ምድሪ

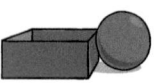

neben

ኣብ ጥቓ

zwischen

ኣብ መንጎ

Ort

ቦታ